AF224349

BIBLIOTHÈQUE IMPÉRIALE IMPR.

EN FACE
DU SCRUTIN

PAR

le vicomte Henri de MAYOL DE LUPÉ

PARIS

LIBRAIRIE DE POUSSIELGUE FRÈRES

RUE CASSETTE, 27

—

1869

EN FACE DU SCRUTIN

Les petites misères du cœur humain et la politique.

Notre pays est fier de ses conquêtes de 89 auxquelles il croit sur parole, amoureux d'égalité, ivre de démocratie, et pourtant nulle part on ne voit une telle insouciance de la liberté, pareille soumission au pouvoir, ni semblable avidité de distinctions et d'honneurs. On répète à satiété que les Français sont ingouvernables, impatients de tout joug, et cette banalité, à force d'avoir cours dans les salons, les rues et les journaux, a acquis l'autorité d'une chose jugée. En vain voudrez-vous protester, en vain parlerez-vous de notre obéissance dont dix-huit années d'empire rendent témoignage. Croyez-moi, n'élevez point la voix ; vous avez l'âme noire et l'esprit mal fait. On vous accorde l'insigne honneur de vous appeler briseurs de trônes, mangeurs de rois, et votre amour-propre n'est point repu ! Vous auriez la sottise de trouver que la France obéit trop facilement au mors et à l'éperon ? Allons donc ! L'impertinence est grande. Vous êtes ingouvernables, entendez-vous ; c'est dit, et maintenant indignez-vous en silence. Est-il besoin d'ajouter que nous supposons nos lecteurs au paroxysme de l'indignation ?

Le succès de cet audacieux mensonge s’explique aisément par l’intérêt qu’ont les puissants du jour à le vulgariser, combiné avec la vanité du public qui y trouve aussi son compte.

N’avez-vous point parfois rencontré certains maris, prédestinés aux déceptions conjugales, satisfaits de dire : je veux, et ne faisant jamais que ce que veut *une autre?* Nous ressemblons à ces maris présomptueux. Si du moins nous avions le sort de plusieurs qui sont conduits par la main sage et prévoyante de la mère de famille ; hélas ! nous ne vivons pas avec le pouvoir en état de légitime union, nous sommes menés, ramenés, surmenés, mais non point gouvernés.

Nous croire ingouvernables est une pensée flatteuse autant que mensongère. Que de gens qui traînent péniblement leur vertu, sans oser la perdre, sont flattés de passer pour mauvais sujets ! Nous agissons de même, et nous ouvrons à notre amour-propre un crédit illimité sur notre dignité.

L’amour-propre flatté, la docilité suit. C’est là un premier avantage dont le secret est soigneusement exploité par les intéressés, gouvernants de toutes sortes et de tous étages qui proclament l’obéissance le plus saint des devoirs, et l’autorité le plus doux des ministères.

En outre, l’habileté, la science politique, ne sont-elles pas en raison directe des difficultés inhérentes au caractère d’un pays ingouvernable? La conclusion est logique et me paraît triomphante.

Ce double résultat est loin d’être vulgaire. D’ordinaire, la gloire accompagne le combattant victorieux, ici le tour de force est complet ; s’il y a des vainqueurs, il n’y a point de combattants, et l’auréole qui ceint le front de nos maîtres n'en resplendit pas moins du plus vif éclat. L'amour-propre satisfait est bon prince, il ne marchande point ses largesses. Sous son chaud rayonnement la docilité, cette fleur la plus belle du parterre gouvernemental, s'épanouit dans l'âme du citoyen, et du même coup il donne au pouvoir le prestige qui entretient cette précieuse docilité.

Persuadez à un homme qu'il a du génie, vous offrez à sa sottise un champ inexploré ; persuadez à un peuple qu'il est ingouvernable, qu'il est tout puissant, vous ouvrez à sa servilité des abîmes insondables. Ce sont là des jeux de l'amour-propre dont les habiles savent tirer parti ; mais ce sont jeux dangereux, les plus fins s'y laissent prendre.

L'ambitieux qui veut spéculer sur ce sentiment, calcule froidement la partie qu'il engage ; il doit en connaître les moindres phases, savoir à ne point s'y méprendre, jusqu'où peut aller l'élasticité du ressort qu'il fait jouer. Il se dit que la vanité humaine se nourrit de mots sonores et qu'avec de la gloire on peut étrangler la liberté. Il comprend également quelle part de génie, de courage et de fatigues exige la gloire, la vraie gloire ; il en échangera les lauriers contre un vulgaire encens, à l'or pur il préférera le ruolz. Mais qu'importe le métal, si les peuples qui se vendent l'acceptent pour prix du marché ? Qu'un tel homme trouve son jour, son heure, qu'au lendemain d'une révolution il se glisse au sein d'une multitude impressionnable et mobile, qu'il s'empare violemment du pouvoir, et son succès sera aussi rapide que la surprise aura été brusque, la terreur universelle. Si le pays néanmoins se montre parfois rebelle aux flatteries qu'on lui prodigue, s'il est tenté de se croire esclave, on lui rappellera les trônes écroulés sous le souffle de sa colère, et le bruit de leur chute qui retentit encore dans le lointain couvrira celui des fers dont ses membres sont chargés.

Là peur commence le despote, la vanité l'achève. Chacun le veut grand, habile et fort pour se consoler d'être servile ; l'abaissement général devient la mesure de son génie.

Aussi ne touchez pas à cet homme, à son habileté, à son amour du bien public ! Autant d'idoles que vous ne pouvez renverser sans atteindre la nation elle-même; ne sont-elles pas le prix de sa dignité oubliée, de sa liberté perdue, et si vous les lui enleviez, que lui resterait-il ?

Mais un jour vient où cet encens qui s'élève du sein des masses vers les sphères souveraines donne le vertige à celui qui le reçoit. Sa tête s'égare, il croit posséder réellement les mérites qu'on s'efforce de lui attribuer; pris à son propre piége, il devient victime de cette conspiration des applaudissements qu'il avait savamment ourdie. La nation trompée le trompe à son tour; c'est sa vengeance, c'est en même temps son châtiment.

Des citoyens, dépouillés de toute énergie, livrés aux fantaisies d'une volonté aveugle et sans frein, la faiblesse des uns engendrant l'imprévoyance de l'autre, tel est le dernier mot d'un régime dont les deux anges gardiens seraient la peur et la vanité.

II

Problème des contradictions.

Il est temps de sortir des hypothèses, des théories géné-
rales, pour entrer franchement sur le terrain où nous vivons.
Les révolutions de 1830 et de 1848 ont fait à la France une
fausse réputation. On nous a accusés, on nous accuse tous
les jours, d'être un peuple remuant, insoumis, prompt à la
révolte. La Restauration, le gouvernement de Juillet, ne vécurent en effet que de concessions plus ou moins onéreuses;
la moindre résistance, la plus légère compression, le prétexte le plus futil faisaient éclater l'émeute. Rien de semblable se passe-t-il aujourd'hui? L'omnipotence administrative qui pèse sur nous, qui réglemente tous nos actes,
n'excite que de légers murmures, éveille à peine une idée
d'opposition. Les fautes même du gouvernement ne l'ébran-
lent point dans l'esprit des populations. Est-ce à dire
qu'une dynastie de fraîche date a jeté de profondes racines
dans notre sol si souvent agité, que l'amour et le dévoûment
du pays la protége contre ses propres égarements? Ce serait
folie de le croire, et le moins perspicace des observateurs
saurait éviter une aussi grossière erreur. Le cœur de la
France est vieux, il n'aime plus guère et se dévoue rare-
ment. Pourtant, chaque fois que le pouvoir demande un vote
ou sollicite un emprunt, une égale complaisance dicte le
vote et souscrit l'emprunt. Politique intérieure, politique

extérieure, traités de commerce et budgets sont envisagés avec la même soumission.

Toutes nos défaites morales ou matérielles se changent dans la bouche de nos ministres en un chant de triomphe; je ne m'en plains pas et n'y trouve rien à dire. Mais par la voix de nos représentants, nous approuvons, nous sanctionnons toutes choses et nous sommes toujours prêts à monter au Capitole; ici ma surprise commence. Une étrange solidarité nous lie au gouvernement, si bien que chaque faute commise semble nous attacher plus étroitement à lui, et nous pousser à lui fournir l'occasion d'en commettre de nouvelles. Depuis dix-huit ans n'admirons-nous pas la main prudente et ferme qui nous a lancés dans les bourrasques italiennes, précipités sur les écueils du Mexique, exposés aux tempêtes allemandes? Nous avons vu des points noirs à l'horizon, nous avons perdu notre confiance première, nous nous sommes même permis quelques critiques timides; en réalité, nous avons conservé le gros de nos illusions. Ne seraient-elles pas à nos yeux l'excuse de notre docilité et de notre apathie? Le gouvernement court aux abîmes, nous ne cessons de le répéter, et nous ne savons mieux faire qu'y courir avec lui; nous précipitons sa course en nous attelant à son char. Au lieu d'éclairer sa marche par un contrôle sérieux et loyal, nous n'osons dire tout haut ce que nous avouons tout bas, et notre silence, aussi bien que les approbations systématiques, en lui dissimulant les aspérités de la route, l'engage plus avant dans la voie mauvaise où il est entré.

Pourtant des symptômes nombreux et non équivoques, témoignent que la France est inquiète. La défiance règno dans les esprits, une défiance craintive qui ne produit que l'inaction. Deux sentiments dominent aujourd'hui la masse

des électeurs, c'est d'une part la lassitude des bouleverse-
ments, l'horreur de la révolution, et de l'autre le dégoût de
la politique suivie. Ce double courant qui devrait réunir les
hommes de cœur, amis de l'ordre et de la liberté, les divise
au contraire et les entraîne sur des rives opposées, où on
ne leur tend les bras que pour les mieux étouffer. Leurs in-
quiétudes sont diverses, mais elles sont aussi vives, et le
même mobile les inspire. Ceux-ci appréhendent surtout l'arbitraire sous des formes légales, ceux-là redoutent davantage
les haines populaires, tous veulent une seule chose, la grandeur de la France. Pourquoi le souffle du patriotisme enflant
nos voiles ne nous conduit-il pas, loin des tempêtes, à ce
confluent magnifique où nos aspirations et nos craintes se
transformeraient en une action commune, énergique contre
le pouvoir qui nous compromet et les passions qui nous me-
nacent? Pourquoi nous laisser aller à la dérive, et, tantôt,
effrayés, à juste titre, des crises qui se préparent, prêter à
contre-cœur notre appui au gouvernement, tantôt, obéissant
à de généreuses impatiences, nous jeter dans les bras de
dangereux alliés?

Il faudrait enfin s'entendre, faire disparaître la confusion
qui du langage s'étend aux intelligences. Il faudrait comprendre que gouvernement et révolution ne sont pas deux
champions nécessairement en lutte, que souvent leur alliance
se cache sous des apparences de guerre, que servir l'un
ce n'est pas toujours combattre l'autre. La révolution, mot
plein d'équivoques, dont les interprétations différentes expli-
quent l'effroi qu'il répand et les témérités qu'il encourage,
ah! que ne pouvons-nous l'effacer de notre vocabulaire
comme de notre histoire!

La révolution n'est pas une révolution, elle n'est pas davantage l'application de ces vertus républicaines qui séduisent d'ardentes imaginations. Ce n'est point la vierge impitoyable, mais austère, que certains esprits nous dépeignent, broyant, sous son pied vengeur, peuples et rois, pour faire sortir de cet écrasement universel la justice victorieuse. La révolution se prostitue volontiers; patriciens et plébéiens, monarques et sujets, peuvent passer par son lit, et ses vils embrassements salissent indifféremment quiconque en veut payer le prix. Elle est la totalité des fins auxquelles tendent nos passions mauvaises, poursuivies par l'universalité des moyens.

Le parti conservateur, le plus puissant, le plus nombreux, s'il voulait se compter et s'unir, se sépare en deux groupes; il déserte le poste d'honneur que lui seul peut occuper, et forme à son insu l'alliance du pouvoir et de la révolution. Il est l'ennemi commun dont il faut diviser les forces. Les déclamations démagogiques et les excès de l'arbitraire accompliront cette œuvre de désunion; les premières donnent au pouvoir la force du nombre en ralliant autour de lui les faibles et les timides, les seconds prêtent à la révolution les séductions de la popularité. Le gouvernement n'est fort que parce que l'ordre est attaqué, la révolution n'est populaire que parce que la liberté est opprimée. Leur intérêt réciproque est de prolonger ces attaques et cette oppression, sans lesquelles le parti conservateur recouvrerait son indépendance et détruirait les calculs et les espérances fondés sur sa division. Le gouvernement nous inquiète, la révolution nous effraye et entre eux nous nous condamnons à choisir. Ne voyons-nous pas que cette option douloureuse fortifie l'adversaire que nous prétendons affaiblir?

Cherchons en nous-mêmes, en nous seuls, les moyens de

repousser tout ce qui est mauvais et dangereux. N'abandonnons pas le soin de nos affaires à une minorité turbulente qui a le tort de faire absoudre par quelques-uns les fautes du pouvoir, ni à une majorité dont le dévouement réfléchit si bien la lumière qui l'éclaire, que, miroir trop fidèle, il éblouit et aveugle le gouvernement. Ne persistons pas dans de déplorables contradictions, et puisse la France cesser d'osciller entre le despotisme et l'anarchie. Nous désirons la paix et nous préparons la guerre, nous demandons un régime économique, protégeant l'essor de la prospérité nationale, et nous signons les traités de commerce, nous réclamons la liberté, et nous acceptons son ajournement indéfini ! D'où vient donc que nos actes sont ainsi en complet désaccord avec nos sentiments ? La chose est simple, en vérité. La vie publique est éteinte, ses combats, ses ardeurs ne tiennent plus en éveil l'âme du citoyen, ne provoquent plus son patriotisme. Sous la double influence d'une indifférence générale et des tendances envahissantes de l'administration, le suffrage universel, n'étant pas l'expression d'une volonté réfléchie et libre, a dénaturé la représentation nationale. Là est la cause du mal. Car, dans notre société moderne où le droit s'appelle majorité, la question électorale domine toutes les autres.

III

Suffrage universel et candidatures officielles.

Dans la vie publique, l'heure du vote est entre toutes une heure solennelle. Malheur à ceux qui usent alors de leur droit sans comprendre la grandeur de leur devoir! De l'urne aveugle où ils jettent nonchalamment un bulletin sortira le nom d'un homme muni d'un blanc seing qui lui livre le sort de la patrie.

Tous les six ans, il est vrai, cet homme, ce député, devra se présenter devant ses électeurs, rendre compte de ses opinions, de ses actes. Pendant ce laps de temps il aura été investi du pouvoir redoutable de régler les plus précieux intérêts du pays, non pas en son nom personnel, mais au nom de ce même pays dont le suffrage a engagé la responsabilité. Six ans, grand Dieu! mais, au train où vont les choses, que de fautes irréparables peuvent être commises !

On nous parle souvent de souveraineté nationale, ingénieuse fiction dans la bouche des gouvernants qui sert complaisamment de manteau impérial ou royal, suivant les temps ou les climats, à quiconque se sent dans le cœur un caprice de despote. Mais a-t-on réfléchi que le suffrage universel, unique prérogative de cette souveraineté, n'est, à cette heure, en réalité, que l'abdication universelle? L'a-t-on dit surtout à ce peuple que l'on s'efforce de plonger dans les vapeurs d'une orgueilleuse ivresse? Le suffrage universel doit donner à la nation le sceptre et la couronne, il peut aussi imprimer sur nos fronts le stigmate de la servitude. Tant vaut le bras tant vaut l'arme. Confiez l'épée la plus vaillante à des mains efféminées, elle retombera de tout son poids sur le téméraire qui aurait osé la soulever.

Les jours de vote sont les seuls de notre royauté éphémère ; à peine en avons-nous revêtu les insignes qu'il faut les déposer entre les mains de nos élus, et qu'est cela, sinon abdiquer ? Or il est souvent plus difficile d'abdiquer à propos que de savoir régner, car la déchéance est toujours à craindre. De fait, qu'est-il arrivé ? La nation s'est énervée dans le rêve de sa toute-puissance, son naïf orgueil s'est nourri de l'appât trompeur qu'on lui jetait ; au lieu d'aller au scrutin, comme un soldat au combat, elle s'y rend comme un roi fainéant, dispensant les faveurs qu'on lui demande, sans se douter qu'elle joue ses destinées. Elle a déserté la cause de toutes les libertés, croyant conquérir l'indépendance, et n'a trouvé que le vasselage administratif. Le sommeil de l'indifférence s'est emparé des âmes, et, à la faveur de ce sommeil, le pouvoir central, effrayante machine pneumatique qui fait le vide dans les intelligences et dans les consciences le néant, a pu tirer des flancs du pays endormi, les mandataires du peuple. Ils lui offrent un fruit de mort et lui disent : prends et mange, tu seras roi.

Caligula souhaitait un jour que le peuple romain n'eût qu'une tête afin de l'abattre d'un seul coup. Nous n'avons pas encore réalisé cet idéal du cérasisme. Nous avons 280 députés, c'est-à-dire 280 têtes qu'il s'agit non d'abattre, mais de mettre à l'encan, et dont les faveurs administratives sont le prix.

Voilà le mal dans toute son étendue, maintenant où est le remède ? Et d'abord il faut sortir de notre royale torpeur. De même qu'une bonne ménagère veille, elle-même au gou-

vernement de sa maison, que chaque citoyen mette résolû-
ment la main à l'œuvre, ne se décharge sur personne du souci
de ses affaires. Recueillons-nous avant l'heure du scrutin ;
au milieu des mille voix qui nous assiégent, notre instinct
nous fera reconnaître sûrement la voix honnête et désin-
téressée. Si la flamme du patriotisme ne jette plus de lueurs
assez vives pour éclairer nos choix, rappelons-nous que nous
donnons à nos élus le pouvoir de laisser vider nos caisses et
épuiser notre sang. Les gros budgets et les grandes armées
sont en effet la mode du jour ; une simple question : qui les
demande? l'Etat ; qui les paie? le pays. Entre l'Etat qui deman
de et le pays qui paie, le contrôle est nécessaire. Or, la première condition d'un contrôle sérieux, efficace, c'est l'indépendance de celui qui l'exerce. Et ici nous poserons
cette conclusion : si les électeurs ont conscience des dangers
intérieurs et extérieurs que nous a légués la politique suivie
jusqu'ici, qu'aux candidatures officielles ils opposent, sur
tous les points du territoire, des candidatures indépendantes.

Chacun reconnaît que l'indépendance du député est la
garantie de son contrôle, et il n'est pas de candidat, si bien
enveloppé qu'il soit dans les langes administratifs, qui
n'éprouve le besoin de proclamer son indépendance, dont
son dévouement à l'empereur forme toujours, il est vrai, le
contrepoids obligé. Depuis longtemps nous avons si bien
perdu les pratiques de l'indépendance que nous avons conservé le mot, mais oublié la chose. Un candidat officiel ne
ne saurait être indépendant ; en dépit de ses protestations,
le premier vœu de son baptême électoral est de renoncer à
l'être. La reconnaissance, comme l'intérêt, le lui commande.
Ecoute-t-il les calculs de l'ambition? La prudence lui con-
seillera de donner ses votes à qui lui procure le triomphe ;

a-t-il au contraire un cœur noble et généreux? l'ingratitude lui inspirera une salutaire horreur qui réprimera bien vite ses moindres vélléités de résistance. L'histoire des dernières années est là pour le prouver.

Si du moins le candidat acceptait, avec les faveurs de l'administration, un programme déterminé, nous pourrions le trouver mauvais, nous comprendrions qu'on pensât différemment. Mais il n'en est rien, son programme est une consigne, il lui est interdit d'avoir une idée, une conviction qui lui soient propres. Le fait qui, la veille, était dénoncé à sa colère, sera, le lendemain, proposé à ses applaudissements; il doit suivre sans jamais se lasser ni murmurer toutes les évolutions ministérielles, et Dieu sait à quelle gymnastique folle il se condamne pour arriver toujours à temps. Dans toutes les campagnes législatives, avant de se mettre en route, le député sage aura soin de se munir d'un billet d'aller et de retour, s'il ne veut manquer le coche gouvernemental, et rester brusquement séparé de ses amis mieux avisés, qui l'abandonneraient sans remords sur la lande aride où le tiers parti se désespère. Sa tête prudente ne s'avancera jamais sur les abîmes qu'ouvre la discussion, sans que la souplesse de ses reins ne lui assure le bénéfice de ce gracieux mouvement qui, exécuté avec adresse, permet toujours de se trouver sur ses pieds. Si l'on nous accuse de critique malveillante, nous demanderons aux faits le secret du personnage.

Dans toutes les graves circonstances que nous avons traversées, qu'a fait la majorité? L'empereur proclame l'Italie libre jusqu'à l'Adriatique; elle admire sa générosité. L'empereur restreint lui-même ce programme, par des motifs qu'il était facile de prévoir, et signe le traité de Villafranca, elle admire sa sagesse. Déclare-t-on que la souve-

raineté temporelle du pape est placée sous la protection de la
France, elle éprouve un tressaillement de joie. Laisse-t-on
l'Italie attaquer cette souveraineté, usurper des provinces de
l'État pontifical, surprendre dans un honteux guet-à-pens des
enfants de la France, elle ne proteste pas. La cause des natio-
onalités la transporte d'enthousiasme. La Pologne expirante
la laissera insensible, le Danemark écrasé ne lui inspirera pas
un reproche. Après les nationalités, elle s'éprendra des races
latines. Pendant quatre ans elle prodiguera nos trésors et
notre sang pour donner un trône à un archiduc autrichien ; le
trône se changera en cercueil, qu'importe ? Son admiration
ne connaît point les défaillances. Après les nationalités et les
races latines, aliments, il faut le dire, peu propres à rassasier
un si robuste appétit, elle réclame une nouvelle pâture ;
l'Allemagne en trois tronçons lui est aussitôt servie. Mais les
trois tronçons ont déjà disparu ; un plus gros morceau lui est
offert, l'Allemagne unie et prussifiée. Avec quelque assai-
sonnement l'estomac docile du député fidèle digérera paisi-
blement, et les grandes agglomérations géographiques
viennent figurer avec honneur sur son menu qui, pour nous,
est la carte à payer.

Le gouvernement parle-t-il d'économie, entr'ouvre-t-il
les perspectives trompeuses d'un équilibre budgétaire dont
chaque session nous éloigne? Le Corps législatif applaudit.
Chaque année, pourtant, le budget se solde par deux
cents millions de déficit, le Corps législatif approuve encore. Il accepte avec reconnaissance la convention du 15
septembre. La Révolution relève la tête, comme chacun
pouvait s'y attendre, et nos troupes quittent Rome, il s'en
félicite. Quelques mois après elles y retourneront, on fera
une nouvelle et coûteuse expédition, on enverra nos sol-

dats, qui faillirent arriver trop tard, se faire tuer de compagnie avec ces mêmes hommes, que Cialdini, désireux de faire vite, avait écrasés à Castelfidardo, alors que l'armée française était à Rome. Odieuses contradictions, direz-vous Ce sont autant de titres nouveaux à la confiance de la majorité qui, sans être un fier sicambre, brûle volontiers ce qu'elle a adoré, et adore de nouveau ce qu'elle vient de brûler.

Le spectacle de notre puissance allumait, paraît-il, les convoitises de nos voisins plus faibles. Une grande guerre éclate au centre de l'Europe, l'ancien équilibre, au nom duquel la guerre de Crimée s'était faite jadis, est bouleversé, la prépondérance de la France menacée, une œuvre de violence et de sang s'accomplit sous nos yeux. Majorité, que feras-tu? Dans ton amour des soleils levants, croiras-tu toujours voir poindre l'aurore de quelque droit nouveau? Et pourquoi non? N'est-ce pas le règne de la justice qui approche? Une plus équitable répartition des forces n'assurera-t-elle pas la paix du monde? Des angoisses patriotiques de M. Rouher, nos députés passent sans transition à la joie béate de M. de la Valette. Aussitôt la France se hérisse de baïonnettes, nos arsenaux se remplissent de canons et de mitrailleuses, le Corps législatif vote une loi militaire qui promet une armée de 1,200,000 hommes. Ah! cette fois, du moins, nous avons pénétré la pensée de nos députés. Jusqu'ici, protées insaisissables, ils ont défié tous nos efforts pour trouver un de leurs actes, un seul, qui trahisse une idée, une conviction; mais ici le doute n'est plus possible. Sous l'aiguillon de l'amour-propre national, ils ont décidé la guerre et préparé la victoire. Naïfs que nous sommes, nous nous trompions encore! Si 1,200,000 soldats nous sont aujourd'hui nécessaires pour gagner des batailles, ils ne le sont pas moins pour assurer le maintien de la paix, inoculer dans l'âme du citoyen l'esprit de discipline, et donner à la France la juste mesure de sa grandeur et de son influence dans le monde.

Des libertés intérieures, nous ne dirons rien que ce qui précède ne nous ait déjà appris. Suivant que le ministre Rouher change de langage, les sentiments de nos représentants varient. Tour à tour attaquées avec ardeur comme une usurpation pleine de périls, et accueillies avec transport comme une libéralité somptueuse, ces pauvres libertés, qui ne demandent qu'un cœur d'homme pour germer et fleurir, frappent en vain à notre porte. Meurtries par les bras qui les repoussent, elles viennent se faire mutiler par les mains habiles dont les caresses hypocrites cachent les ciseaux de Dalila. Sans doute, à la vue des nombreux barreaux, des puissants verroux qui décorent l'édifice de nos institutions, et lui donnent certaine ressemblance avec une maison de correction, nos députés l'auront trouvé trop étroit pour qu'on puisse y respirer librement; aussi ont-ils soin de le laisser à ciel ouvert, toujours privé du couronnement si souvent promis, tant de fois annoncé. Mais n'est-il pas vraiment cruel de nous refuser ce toit tutélaire, alors que tant de girouettes attendent un emploi!

Ce rapide coup d'œil jeté sur l'attitude de nos mandataires doit nous suffire; et nous demanderons aux électeurs: Oui ou non, l'indépendance est-elle nécessaire à vos représentants? Oui ou non, le candidat officiel peut-il avoir cette indépendance qui, seule, donnerait à ses qualités personnelles le caractère d'une garantie impérieusement réclamée par le souci de vos plus chers intérêts? Les faits ont répondu pour nous.

IV

De l'indifférence en matière politique.

Le grand mal dont notre société est atteinte, c'est l'indifférence, poison mortel qui endort et qui énerve, décrépitude dernière d'un égoïsme corrupteur. Sous son action délétère les caractères fléchissent, les volontés se courbent, les âmes se flétrissent. Notre génération ne se passionne plus, elle ne connaît ni l'amour ni la haine, et déguise son impuissance sous le nom pompeux de tolérance. Son cœur ne bat plus, elle a horreur de tout effort. Les saints transports de l'enthousiasme, les généreuses ardeurs de l'indignation épuiseraient le reste de vie qui l'anime encore. Cette indifférence pernicieuse passe pour un progrès de notre civilisation, à mesure que l'énergie s'en va nous prétendons que nos mœurs s'adoucissent.

Du scepticisme religieux nous sommes tombés dans le scepticisme politique. Nous avons cru que la foi de nos pères, que les principes de tout gouvernement honnête et libre, tenaient la raison et la société en lisières; nous nous en sommes affranchis; aussitôt mille systèmes sont nés qui mettent en péril la raison et la société. La marée monte, elle menace de nous submerger. Nous est-il permis de rester indifférents? Nous voulons jouir et nous crions : à demain les affaires sérieuses! Mais demain c'est l'inconnu, demain em-

portera peut-être nos joies et nos richesses? C'est aujour-
d'hui qu'il faut descendre dans l'arène, c'est aujourd'hui qu'il
faut combattre.

En abandonnant les soins du gouvernement à une armée
de fonctionnaires, nous avons espéré pouvoir vaquer plus aisément à nos travaux, à nos spéculatious, à nos plaisirs. La
politique est devenue un art d'agrément, et la propriété ex-
clusive des gens en place. A Paris on discute, on critique ; les
affaires du pays sont prétexte à causeries de salon ou à cote
de la Bourse. L'événement du jour fait oublier celui de la
veille, et nos hommes d'Etat nous paraissent de complaisants
acteurs jouant, pour nous distraire, une pièce que parfois,
suprême bonheur ! nous pouvons siffler. En province, la distance n'ajoute rien à l'attrait du spectacle. On cause moins,
on juge mieux, en somme on se résigne. Si Paris s'amuse et
chasse les pensées sérieuses, la province travaille et laisse
volontiers aux Parisiens le monopole de la politique qui ne
fait ni germer les blés, ni mûrir la vigne.

Ainsi partout nous rencontrons l'indifférence. Cette plaie
hideuse couvre toutes les parties du corps social, nulle part
on ne semble se douter que déserter le terrain de la politique,
pour s'enfermer dans les étroites limites de son champ, de
sa maison, de sa famille, c'est exposer ces biens eux-mêmes,
et en commettre la garde à des mains mercenaires. La politique n'est-elle pas, en effet, le régulateur de la prospérité
publique ? Ne dispose-t-elle pas de notre fortune et de notre
sécurité ? Elle rend les nations puissantes ou faibles, riches
ou pauvres ; l'ordre et la paix sont ses bienfaits, la guerre et
le désordre ses fléaux. En vain voudrions-nous ne point faire
de politique, alors même que nous élevons cette prétention,
nous en faisons, de la mauvaise seulement ; car c'est une po-

litique d'indifférence ou d'aveugle confiance qui nous livre pieds et poings liés aux fantaisies du gouvernement personnel. L'administration pense pour nous, agit pour nous, vote pour nous, et notre rôle se borne à constater ses erreurs après avoir soldé le compte de ses caprices.

Nous comprendrions encore l'indifférence des Parisiens. Que leur importe, en effet, d'être privés de liberté, dépourvus de toute initiative ? N'ont-ils pas un préfet qui déploie en leur honneur des combinaisons savantes? On leur perce des boulevards, on leur ouvre des rues, on leur construit des théâtres. Dans le seul but de charmer leur yeux, une baguette magique élève ou abaisse des montagnes, creuse des lacs, fait sortir de terre des bois verdoyants. Chaque jour leur offre quelque plaisir nouveau, ils recueillent à pleines mains les miettes du somptueux festin où les grands de la terre se partagent les dépouilles de la province. Paris est frondeur, et le pouvoir lui réserve ses plus séduisantes coquetteries.

Mais la province, qui donc pense à elle ? Quel est le prix de sa résignation ? Elle alimente le budget, elle donne ses enfants à l'armée, les embellissements de Paris, dont elle ne jouit point, se multiplient à ses dépens, et de peur sans doute qu'elle ne soit tentée, dans une heure de réflexion, de repousser des exigences sans cesse croissantes, on ne lui accorde ni trêve ni répit; jamais son dévoûment ne chôme. De temps à autre, il est vrai, le souverain lui adresse un de ces mots capables de cicatriser les plus profondes blessures. Un jour, par exemple, le chef de l'Etat en villégiature déclarera qu'il respire plus à l'aise au milieu des populations de la campagne que dans les murs de la cité reine. C'est flatteur, sans doute; aussi comment trouver après cela les impôts trop lourds? Imaginez donc un paysan d'assez méchante humeur pour se plaindre de payer trop cher l'air pur et privilégié qui a pu rafraîchir les poumons d'une majesté !

Et puis, on nous choisit des députés bien faits pour calmer nos susceptibilités. En témoignage de haute satisfaction et de touchante sollicitude, on envoie écuyers et chambellans briguer nos votes ; le moyen, je vous prie, de résister à cet excès d'honneur? Jadis un cheval fut fait consul, l'histoire parle du cheval et ne dit rien du consulat; le même sort attend les écuyers députés. D'un cheval à un écuyer, la distance n'est point grande, une enjambée les sépare, et lever le pied à propos, est, aujourd'hui, une condition de succès. Autrefois le maître passa le Rubicon, les favoris qui l'escortent savent sauter les rivières, et les lois sont des obstacles que les steeple-chases apprennent à franchir. Une ressemblance aussi auguste doit gagner nos cœurs et mérite nos suffrages.

N'est-il pas juste, après tout, que la Chambre admette dans son sein ceux qui si longtemps vécurent dans l'antichambre? La clef des chambellans, et la place qu'elle occupe au dos de leur habit, disent assez la nature de leurs fonctions. Ouvrir ou fermer les portes est leur emploi, marcher à reculons leur consigne ; ainsi l'exige le service des boudoirs dont les divinités ont à craindre apparemment les regards indiscrets. Au Corps législatif, le chambellan garde ses attributions. Il tire le cordon lorsqu'un ministre embarrassé cherche une porte de derrière et la clôture est confiée au zèle de son gosier sonore. Il votera, le dos tourné à ses électeurs, les yeux fixés sur les ministres, et restera ainsi le modèle du parfait député selon le cœur de M. de Forcade.

Ce que nous disons de nos mandataires, écuyers ou chambellans, nous pourrions le dire de tous ceux dont l'attache administrative enlace l'indépendance. Puissions-nous enfin reconnaître que l'indifférence politique donne gain de cause aux candidatures officielles, corrompt le suffrage universel, et enlève à l'élu toute liberté.

V

A qui la faute?

Plus empressés à nous soumettre que disposés à discuter les volontés du gouvernement, nous professons une indifférence qui peut sembler commode en ces jours de calme trompeur, mais qu'un vent d'orage transformerait aussitôt en une panique universelle. Aux luttes animées du régime parlementaire, à l'esprit d'indépendance, a succédé le règne de l'obéissance silencieuse. Comment cette métamorphose s'est-elle opérée? Les abus de la liberté en sont-ils la cause? Ou bien le génie de la France a-t-il, lui aussi, pris la route de l'exil? Peut-être... Mais à coup sûr, si, dans la situation présente, les abus de la liberté ont leur part, l'affaissement du génie national a la sienne. Rendons à César ce qui est à César, au pays ce qui est au pays.

On aurait tort de ne considérer que les fautes du pouvoir et de jeter ainsi un voile discret sur la complicité de la nation. Nous sommes naturellement portés à accuser le gouvernement, à faire peser sur lui seul le fardeau de ses erreurs. C'est un moyen facile de nous absoudre nous-mêmes, c'est le thème tout trouvé d'une opposition populaire, impuissante à inspirer une pensée virile, une action résolue. Cette tendance déplorable paralyse notre énergie, ou la met au service du désordre. Nous ne voyons en toutes choses qu'un coupable, et, le souverain étant dénoncé comme la cause unique du mal, on arrive bien vite à conclure que le salut de la société nous condamne à le renverser.

Les révolutions deviennent alors le refuge des sentiments patriotiques. Elles s'engendrent mutuellement, sans jamais tarir la source empoisonnée qui leur donne naissance ; car un problème politique renferme toujours un problème social, un mauvais gouvernement révèle de mauvaises mœurs.

La liberté n'a jamais été chez nous un programme sincère ; mot d'ordre donné par les partis, elle erra longtemps sous des pavillons divers, et, dans le triste conflit des ambitions, elle perdit son prestige. Le peuple, prodigue de son sang, finit néanmoins par voir clair dans le jeu de ceux qui l'exploitaient, il comprit qu'il faisait les frais de la partie dont le gain appartenait à d'autres. Dégoûté de la chose publique, las de tant de luttes stériles, il ne demanda plus qn'un pouvoir fort lui assurant la tranquille jouissance des fruits de son labeur. Les conservateurs avaient un beau rôle, une grande mission, ils ne surent pas les remplir. A cette heure où la leçon des faits dominait les clameurs de la rue, leur voix aurait été entendue. Ils pouvaient user de l'ascendant salutaire que les circonstances leur donnaient, travailler à former les mœurs politiques de la France, préparer l'avénement de la liberté. Ils préférèrent écouter les conseils d'un aveugle égoïsme. Le spectre rouge les avait glacés d'épouvante ; accourus autour d'un trône que la surprise et la peur avaient élevé, ils enseignèrent le respect de la force, la légimité du succès. Sans appui, sans soutien, le peuple fatigué aspirait au repos. Le moment était propice pour le plonger dans un profond sommeil et lui faire accepter le sort paisible d'une domesticité dorée. Les folles terreurs du parti conservateur avaient favorisé le coup d'Etat, la vanité couronna l'œuvre commencée. La centralisation nous enserra dans ses bras nerveux. L'édifice impérial était construit ; restait à l'asseoir sur des bases solides. L'amour-propre du citoyen, adroitement caressé, l'effroi du plus grand nombre, l'indifférence de tous rendaient la tâche facile.

Depuis la date mémorable de décembre, le temps a suivi son cours, emportant une à une nos espérances évanouies, et les promesses impériales, si nombreuses qu'elles soient, ne dépassent point l'étendue de nos mécomptes. Remontez les années écoulées, comparez le point de départ avec le point d'arrivée et dressez un bilan. Qu'a fait le gouvernement pendant cette longue période qui nous sépare des origines du second empire? Le socialisme est toujours debout, plus ardent, mieux discipliné qu'en 1848. L'équilibre européen n'existe plus que de nom, les traités de 1815 sont déchirés au préjudice de la France, au profit de ses ennemis. La spéculation, l'agiotage ont remplacé le travail, l'industrie souffre, l'agriculture languit ; l'armée nous épuise, les budgets nous ruinent.

Avec un contingent de 40,000 à 60,000 hommes, la Restauration sut se faire respecter en Europe. Notre diplomatie ne souffrait pas une insulte, on prenait Alger sans s'inquiéter des menaces de l'Angleterre. Les contingents du gouvernement de Juillet s'élevèrent à 80,000 hommes ; sous l'ompire, il faut appeler 100,000 jeunes gens pour maintenir la paix, pour subir l'arrogance de la Russie en 1863, des Etats-Unis en 1867, de la Prusse tous les jours.

Et nos finances ! nous touchons ici au côté le plus sombre du tableau. Nos recettes progressent, mais nos dépenses marchent encore plus vite ; les unes ne sont pas encaissées que les autres sont déjà faites. Les deux empires ont augmenté la dette consolidée de 75 pour 100, tandis que la monarchie parlementaire ne l'avait accrue que de 3 pour 100. Tous les ans nos dépenses excèdent, en moyenne, nos revenus ordinaires de 250 millions. Où nous mène ce procédé financier ? A l'emprunt d'abord, à l'impôt ensuite, en fin de compte à un désastre. Le déficit est devenu la condition normale de nos budgets, l'emprunt, périodiquement renouvelé, sert à solder le passé, et procure un équilibre passager aussitôt perdu qu'obtenu. De 1853, à 1866, les recettes de l'Etat ont atteint le chiffre colossal de 28,853,152,485 fr. 88 cent., dans lesquels les ressources extraordinaires figurent pour une somme de 3,029,317,140 fr. 56 cent., et, dans ce même laps de temps, 29,412,434,986 fr. 16 cent. ont été dépensés. Les départements de la guerre et de la marine (Algérie et colonies non comprises) ont absorbé 9 milliards 310 millions, pendant que 325 millions étaient alloués à l'instruction publique (1).

Plus de ving-neuf milliards dévorés en quatorze ans!

Du moins les entreprises utiles ont-elles reçu une féconde impulsion? Nos voies de communications sont-elles achevées? Possédons-nous enfin l'outillage nécessaire pour prendre le rang qui nous appartient dans la lutte pacifique du travail? Qu'on en juge. Le grand réseau des chemins de fer qui devrait avoir 28,000 kilomètres, n'en a que 18,000; sur 12,000 kilomètres de canaux il nous en manque 7,500. Sans parler des chemins vicinaux, il nous reste à faire environ 10,000 kilomètres de chemins de grande communication, 9,000 kilomètres de chemins départementaux, 29,700 kilomètres de chemins d'intérêt commun.

(1) *Progression comparée des budgets de l'État*, par M. Henry Merlin.

De bonne foi suppose-t-on que le gouvernement nous a mis sciemment dans cette situation intolérable pour nous, dangereuse pour lui? Nous ne le croyons point. Tous les gouvernements ont le désir de bien faire, tous seulement n'y réussissent pas. Les hommes qui nous dirigent ont eu en partage une puissance illimitée, absolue; la fortune leur a souri, jamais joueurs n'ont été plus heureux. Une seule chose leur a manqué, le contrôle. Le contrôle ferme, sincère qui inspire la réflexion avant l'action, et dont l'absence, en leur impo'sant une prétendue infaillibilité, les oblige à se glorifier de leurs propres erreurs.

Les vrais coupables sont les conservateurs. Ils ont laissé le pouvoir glisser sur une pente fatale, ceux-ci par indifférence, ceux-là par une confiance persistante quoique déçue, la plupart parce qu'ils craignent l'avenir. Mais cet avenir qui oppresse nos poitrines, notre attitude présente en décide. Le même silence enfantera les mêmes conséquences.

Quand on est né français, quand on a reçu une part d'héritage dans le passé glorieux qui a fait ce nom illustre et respecté, on en doit compte à la postérité, on a des devoirs à remplir. Une lourde responsabilité repose sur les conservateurs. Ils ont la puissance du nombre et la force morale; ils peuvent tout empêcher, ils ont tout toléré. Leur inaction a été la complice de cette politique funeste qui a créé l'Italie une, permis Castelfidardo, entrepris l'aventure mexicaine, sanctionné les annexions prussiennes, dissipé des milliards, confisqué nos libertés politiques, aggravé les charges militaires. Et qu'ils ne nous disent pas : nous sommes innocents des douloureux événements que nous déplorons avec vous, nous avons tenté de donner des conseils, on ne nous a pas écoutés. Cela est faux, ou bien c'est donc que vous parliez trop bas. Car jamais le gouvernement n'osera déclarer la guerre aux conservateurs, et n'avons-nous pas vu dernièrement nos ministres, au moindre mot échappé de leurs lèvres, éprouver de subits accès de sincérité? Si la France n'est pas libre et prospère, si son influence en Europe a diminué, si l'ordre social est ébranlé, si la guerre nous menace, si la magistrature rend des services, si des fonctionnaires violent impunément les lois, la faute en est à eux. A eux aussi de réparer leurs torts.

Conclusion.

Une conclusion nette, précise, ne se dégage-t-elle pas des pages qui précèdent? Secouer notre indifférence, contrôler au lieu d'applaudir, n'accepter ni le patronage administratif qui entache notre dignité, ni l'alliance des ennemis de l'ordre qui compromet nos intérêts, tel est le but, la multiplicité des candidatures, tel est le moyen. Que chaque groupe, chaque nuance d'opinion ait son candidat, que la diversité des drapeaux entraîne tous les électeurs et les jours de scrutin seront vraiment des jours de bataille où tout déserteur serait un lâche. Sans doute de la mêlée il ne sortira qu'un élu ; mais chacun aura accompli son devoir et travaillé à faire du suffrage universel l'expression véridique des vœux de la nation.

'Devant l'urne électorale il n'y a eu jusqu'ici que deux champions en présence, le gouvernement et l'opposition démocratique. Or il appartient aux conservateurs indépendants de faire cesser le monopole de l'opposition. Qu'on ne nous objecte pas les difficultés du second tour de scrutin, l'inconvénient de diviser les votes. La multiplicité des candidatures est nécessaire au réveil de la vie publique, elle donne lieu d'ordinaire à une seconde épreuve qui amène les électeurs à se concerter, à réfléchir. Elle éclaire en un mot le suffrage universel. De plus on ne peut poser des conditions qu'après avoir combattu, et là où les conservateurs ne réussiraient pas à sortir vainqueurs de la lutte, leur attitude militante, en rendant l'élection indécise, exercerait encore

une heureuse influence. Car le candidat qui espérera recueil-
lir leurs voix, leur donnera volontiers alors les garanties
dont ils ont besoin.

Prenons un exemple. On a beaucoup parlé l'année dernière de l'élection du Nord, elle nous offre en effet un précieux enseignement qui trouve presque partout son application. Entre M. des Rotours, homme honorable appuyé par
l'administration, et M. Géry-Legrand soutenu par la démocratie avancée, il fallait choisir. Si la ligne de conduite que
nous recommandons avait été adoptée, un troisième candidat
se serait mis sur les rangs, et, à supposer même qu'il n'eût
pas été nommé, n'est-il pas hors de doute que, devant cette
manifestation, ou M. des Rotours se serait affranchi des liens
officiels, ou l'opposition aurait abandonné M. Géry-Legrand ?
Dans un cas comme dans l'autre, nous aurions compté au Corps
Législatif un député indépendant de plus, et peut-être dans
les rangs de la démocratie un candidat solidaire de moins.

Maintenant, que les électeurs décident. Les événements
sont graves, les circonstances pressantes ; la dignité aussi
bien que la prudence les convie à ne prendre conseil que
d'eux-mêmes. Un acte de vigueur peut nous sauver, mais il
n'y a pas une minute à perdre. La France réclame notre dévouement, elle veut notre amour ; pour être dignes d'elle,
sachons l'aimer en hommes libres.

PARIS. — IMPRIMERIE VICTOR GOUPY, RUE GARANCIÈRE, 5.